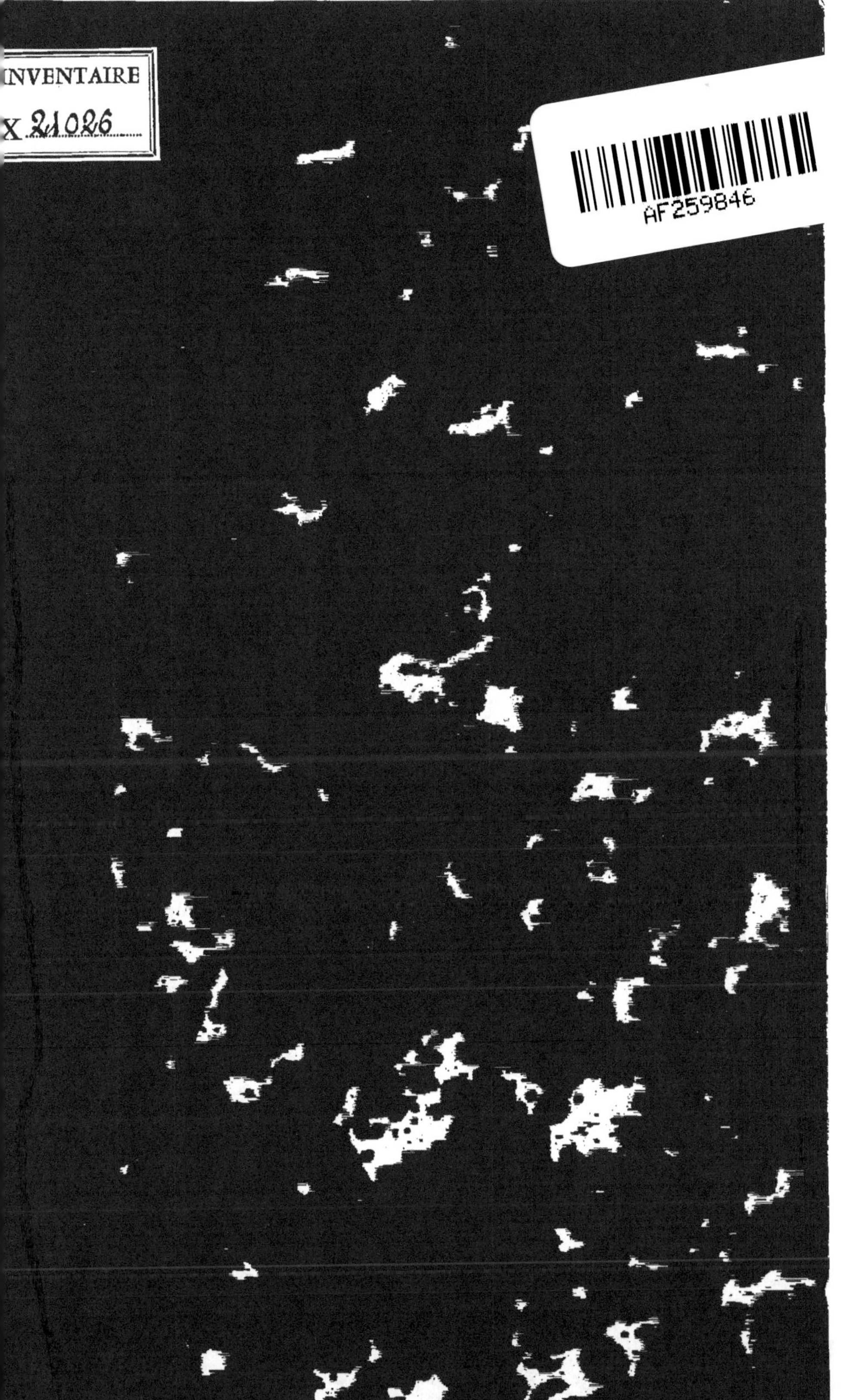

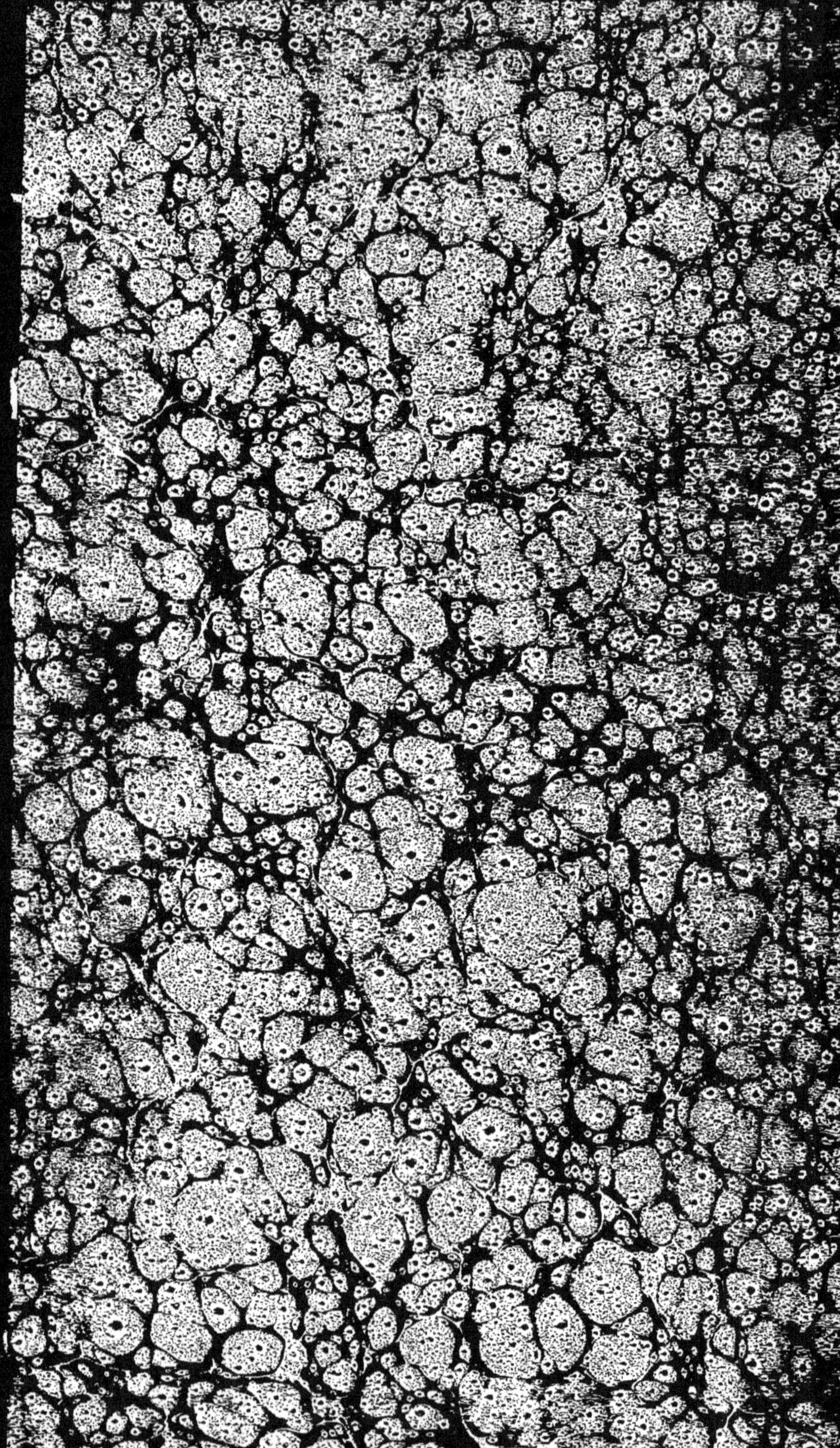

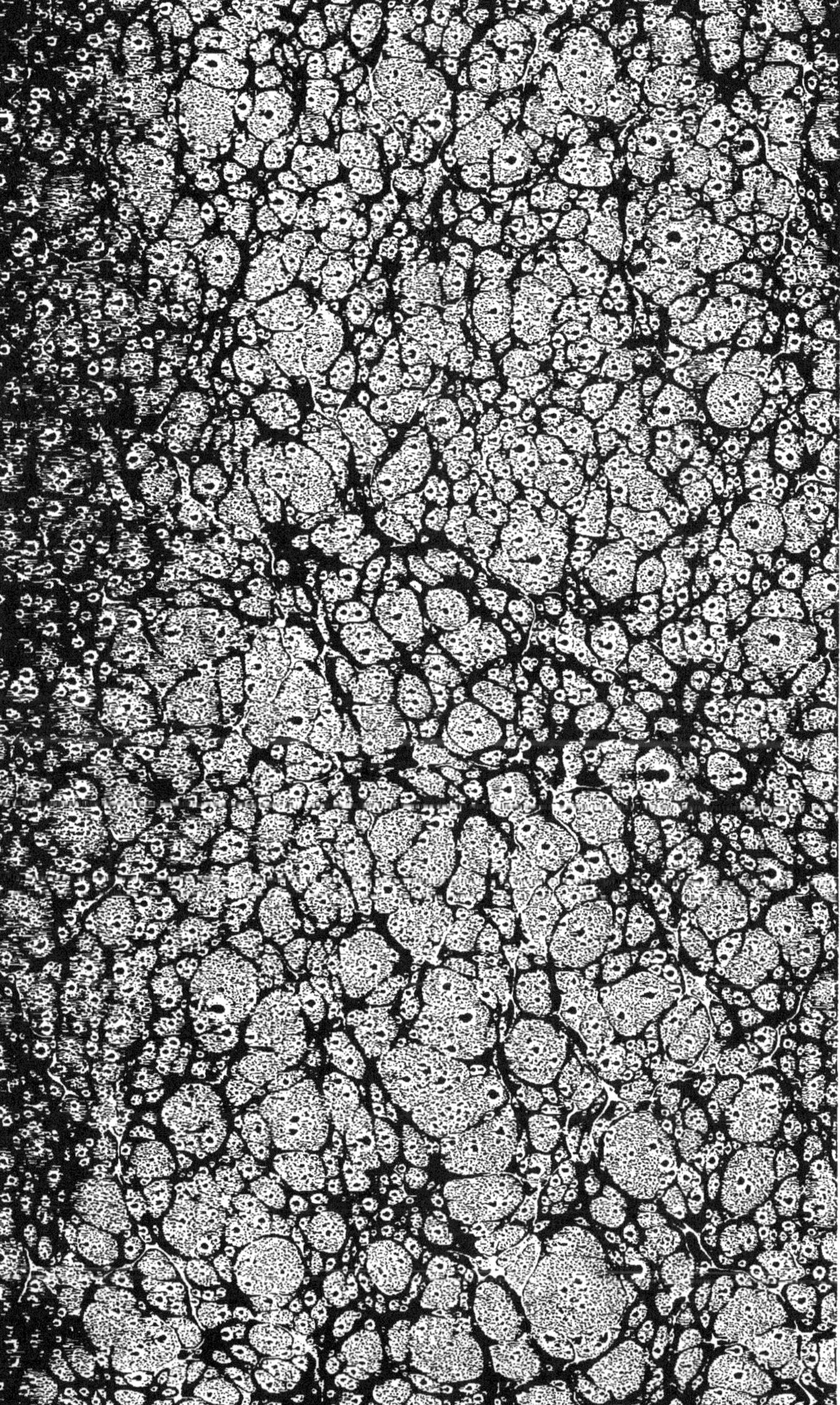

X

DE

RHETORICA,

QUID SIT SECUNDUM PLATONEM,

QUÆSIVIT

J..F-A.- BERGER.

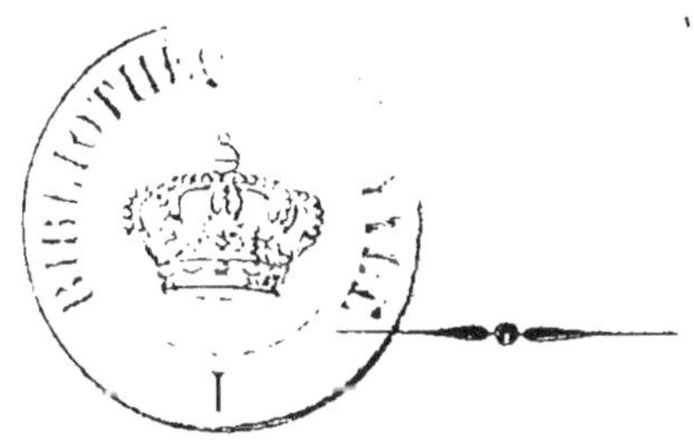

PARIS,

IMPRIMERIE DE BOURGOGNE ET MARTINET,

RUE JACOB, 30

1840.

RHETORICA

SECUNDUM PLATONEM.

—

Notum et pervulgatum est, quod Græcia μυθοποιός de Platone suo tradidit : Duos, ex omni natorum numero, Phœbum terris ostendisse, qui humano generi succurrerent : Æsculapium scilicet, qui corporis; tum Platonem, qui animorum medicinam faceret (1). Deus inde Plato, et, quod majus est, apud suos. Jam nihil est quod admiremur divinam summi viri originem etiam apud Romanos fuisse decantatam : Græcos, in laudando Platone, sequitur, non vincit scriptor ille primarius, latini sermonis facile princeps, qui *Jovem, si græce loquatur, non aliter esse locuturum* (2); qui Platonem, *quasi Deum quemdam philosophorum* (3) celebrat; qui denique, ad amicum scribens, nullo verborum apparatu, eoque fortius, ita loquitur : *Deus ille noster, Plato* (4)!

Hæc veteres. Neque minorem apud recentiores vim admirationis, laudumve amplitudinem desideraveris. A quo enim tempore, definitis et stabilitis novorum, quæ plurima ex unius Romani imperii ruinis orta sunt, regnorum molibus, tandem locus aliquis artibus ingenii datus est; ereptique a Byzantii flammis antiquorum scriptorum libri, per totam ferme Europam delati, nobilia musarum studia

(1) Φοῖβος ἔφυσε βροτοῖς Ἀσκληπιὸν ἠδὲ
  (Πλάτωνα.
  Τὸν μὲν ἵνα ψυχὴν, τὸν δ' ἵνα σῶμα σχοι.
Diog. Laërtius, *Vit. Plat.* — Ubi alterum etiam, eadem significans, epigramma videas. — Meminit Mars. Fici-

nus. *Argum. in Plat. Protagoram.*
(2) Cic. *Brut.*
(5) Cic. *De Nat. Deor.* II. 12.
(4) Cic. *ad Attic.* IV, 16. — Cf ; *Tusculan.* I, 17, 39. — De Legg. III, 1.

recreaverunt, jamque igne sacro percitis mentibus necessaria magis quam sperata alimenta suppeditaverunt; ab illo, inquam, tempore, viguit apud homines renovata, studiosis venerata, omniumque sæculorum posteritati commendata, fama ac memoria Platonis.

Quæ quum ita sint, et nostris quoque diebus non dicendi solum, sed etiam intelligendi gravissimus auctor et magister Plato habeatur; et quotidie, quum de aliqua re ambigimus, vocetur testis, vel deligatur arbiter : nimia non potest adhiberi diligentia in inquirendo, perspicuitas in declarando, ardor in retinendo, quænam Platonis fuerit, quacumque de re, vera ac genuina sententia. Neque, quia multi et clarissimi viri summo opere in recolligendis omnibus Platonis doctrinis incubuerint, nihil hoc ipso in campo superesse, quod quis labore proprio possit eruere, putandum est. Imo sunt plurima, quæ, sæpius a doctis perpensa et explicata, nodum etiam satis perspecta, sub judice, quasi prorogato die, remanent. Hujus est generis (ut exemplum adducam), quod ambigitur : an Plato coævam Deo materiam, an materiæ conditorem Deum sit arbitratus? Multi, quæ dicta sunt in *Timæo* proferentes, esse materiam, secundum Platonem, Deo coævam affirmant; alii, *Philebum* et *Sophistam* excutientes, conditam a Deo materiam, ut mihi quidem videtur, probant (1); sed inter doctos nihil de hac re convenit. Sunt alia quædam, ab ipso quidem Platone petita, sensu autem falso nonnullis, etiam ex veteribus, accepta, quia diversos de una atque eadem re locos conferre supersederunt; quorum unum, de Rhetorica scilicet, *an vere ac simpliciter Plato nullam esse artem Rhetoricam pronuntiaverit*, disputandum suscipiemus, et, pro viribus nostris, conficiemus.

---

(1) Adi Cicer. *De Nat. Deor.* fragm. 2, et quæ ibi a viro doctissimo D'Olivet disputantur. Quæ, veritati minus consentanea, confutavit vir clariss. J. V. Le Clerc. tum Philebi et Sophistæ locis memoratis, tum Platonicorum plurimorum opinione allata, Clementis Alexandrini, Iamblic., Porphyr., Hierocl. Quibus adde Proclum. Comm. Tim. p. 116 17.

Id autem præstare volentibus, nempe ut planum et in aperto sit quid nos Plato de Rhetorica doceat, nihil prius expediri oportere videtur, quam ipsius Rhetoricæ naturam scrutari, et certa cogitatione deprehensam, oratione perspicua definitam in medium proferre. Hoc ratio rerum, hoc facilior ad veritatem adscensus postulat. Nisi enim a principio rem illam, qua de agitur, recte ac penitus definiendo explicaveris, necesse est omnino, dum quæris quod ignoras, huc et illuc nescius oberres, et sententiis, nescio quibus, vanis et commentitiis delusus adhæreas. Ac, ne præsentem, etiam in afferendis exemplis, disputationem excedam, qua ratione aut quo modo, Rhetorica non definita, ea quæ Platoni de Rhetorica placuerunt, non dico perspicere, tenere, expromere, sed agnoscere, intelligere, significare poterimus? Ante igitur quam Platonem adeamus, aliquanto in consideratione ipsius Rhetoricæ commorandum est; ubi si paulo diutius occupari videbimur, non deerit in defensionem suscepti criminis gravissima Platonis nostri auctoritas, qui nos, dum quæstionis cujuscumque fundamenta jacimus, non posse largius aut cumulatius disserere judicat (1).

Quæ sit Rhetoricæ vis et natura, non ita ex ipso nomine intelligitur, ut omnis de hac re supervacanea disceptatio redundet; neque tamen ita per se obscurum est, aut plenum ambiguitatis nomen, ut nullam sibi adhærentem ferat audientium animis prænotionem (1), ex qua pateat quo se potissimum conferre exordiens investigatio debeat. Qui enim rem aliquam, propria vigentem natura, Rhetoricam putant, eam cætero artium choro annumerant; qui vero nullam esse Rhetoricam profitentur, eam, si ex artium nu-

---

(1) Δεῖ δὴ περὶ τῆς ἀρχῆς παντὸς πράγματος παντὶ ἀνδρὶ τὸν πόλυν λόγον εἶναι, καὶ τὴν πολλὴν σκέψιν, κ. τ. λ.—*Cratyle.* p. 436 D. Edit. Henric. Steph.) — Ἀρχὴ παντὸς ἔργου μέγιστον. De Rep, lib. II, p. 377 B.

(2) Verbo uti liceat, auctore Tullio :

hanc nos habemus sive *anticipationem.* sive *prænotionem...* Sunt enim novis rebus nova ponenda nomina, ut Epicurus ipse πρόληψιν appellavit, quam antea enimo nominarat. *De Nat. Deor.* I. 17.

mero exemerint atque abjudicaverint, plane sustulisse confidunt. Vel igitur nihil est, vel est ars quædam, vel ad summum particula est alicujus artis Rhetorica; unde hic videtur ordo totius disputationis esse debere, ut quæramus primum quæ sint, quas vocamus *artes;* deinde ars quænam, aut saltem particula cujusnam aitis Rhetorica esse videatur.

Ac primum, quidquid de arte qualibet proferimus, hoc de humana quadam facultate dicimus; neque artis opus aliquid, quamvis præclarum in se, forma pulchrum, omni ex parte absolutum, finique optimo aptum et congruens, nisi ex viribus humani ingenii defluat et proficiscatur, usus, rationi consentaneus, dicere patitur. Quamobrem, hæc splendida rerum miracula, quæ divina pulchritudine, incredibili varietate, orbis universi parens Natura profudit, non manu artificis, quoties ἀσχηματίστως loquimur, fabricata aut expolita ponuntur; hæc autem signa, tabulæ, toreumata, quæ sine hominis cura et acumine nunquam fnissent, artium esse quas vocamus, consuetudine omnium declarantur. Nulla est ars, quæ vi propria et labore hominis non constet; quod ipso quoque latini sermonis apparatu detegitur, quum desidem, nullisque hominem exercitatum artibus, non alio quam *inertis* nomine significet (1).

Ars omnis igitur vim requirat hominis, unde oriatur; vim autem sine mente, cui regnum animi contigit, artem efficere posse non concedimus. Summus picturæ magister et artifex Protogenes : quis inficietur? De quo si quis tamen dubitavisset, tabulasque proferri quæ sibi fidem facerent, postulavisset, quasnam inter omnes electurum fuisse, quasnam inspicientis judicio libentius permissurum Protogenem judicaveris? Hæ quidem celeberrimæ, quibus, mirum in modum, Canis venatici os anhelum, tumidum, imo spumans et madidum expressit; quas tamen, ita, ut fingimus,

(1) Artes, quibus qui carebant, *iner-* *tes* a majoribus nominabantur. Cic. *de Fin. Bon. et mal.*

instituto judicio, artis exemplar et monumentum ille non
deferet. Nulla quidem in illis occulta, quæ deprehendat
arguta sedulitas, vitia inesse sentit : imo ex ore bestiæ spuma
quæ defluit, sic ad veritatis formam expressa est, ut nemo
sit naturæ adeo justus æstimator, nemo artis adeo peracutus
judex, qui subitas admirationis voces retinere possit. Ipse
vero pictor, istius per iram impacti, dum quidquam proficere desperat, in tabulam penicilli meminit, unde, nulla
artificis voluntate, spuma hæc admirabilis. *Ialysum* igitur,
vel talem picturam afferet, in qua nihil erit pulchrum dig-
numque laude in lineamentis, umbris, coloribus, quod non
excogitaverit, et voluerit, et perfecerit. Hæc enim sola nomen artificis conferunt, quæ mens intus contemplata est,
facultas extra prodidit.

Jam propius, ut videtur, artium naturam perspecturi
accedimus, quum sic de artifice statuamus, ut omnis ejus
opera in duas partes dividatur et contineatur : si certum
exemplar mente percipiat; si exemplar a se perceptum, per
idoneam delectarum imaginum similitudinem, ad hominum intelligentiam traducat. Quid esse debeat exemplar,
quid imago, paucis expediendum.

Exemplarium duo genera. Vel enim speciem aliquam, ut
eam nobis circumfusa natura obtulerit, sic animo accipimus,
et nullo modo mutatam infigimus, quam deinde simillima
imagine referre conabimur; vel, postquam species, quarum
est tum in mente hominis, tum in mundo universo, cum
varietate insatiabili multitudo iucredibilis, ὀξυπείνῳ, ut aiunt,
curiositate persecuti sumus, novum aliquid ipsi effingimus,
ea tamen ratione ut, si ad efficti exemplaris partes et ςοιχεῖα
attenderis, rem esse collectitiam; si de toto pronuntiaveris,
rem esse inventam et inauditam fateare necesse sit. Qui prius
illud exemplarium genus sequitur, certi hominis similitudinem oris vultusque pictor adumbrat; pluvium arcum aut
Rhenum flumen poeta describit; qui autem obvia et com-
munia dedignatus, inventis tantum, ut propriis, gaudet,

hinc majestate regnantis , hinc faventis Deæ mansuetudine assumpta, Minervam sculptor effingit : pietatem erga Deos mendacio adversus homines, dolum fortitudini, ardentem ultionis cupidinem cum patientissima injuriarum tolerantia miscens, Ulyssem poeta creat et gignit. Quod quidem, omnium consensu, artificis magis; illud vero alterum , opificis magis proprium est.

Sit igitur ex multis, quorum singula nota sunt, novum quoddam , et quasi totum ex ingenio artificis prolatum exemplar; quod, si quale esse debeat significandum est, rem uno verbo complectar et aperiam : pulchritudine definiam. Ipsa vero quid sit pulchritudo , ut explicanti non modo arduum, sed ultra vires positum est, ita sentienti non modo non obscurum, sed ipsa luce clarius occurrit. Neque tamen desunt quæ, quia sæpius in pulchris animadvertuntur, pulchritudinis ipsius non dico initia , vel, ut e græco vertam , elementa, sed quasi conjugata et adjuncta proferri solent. Inde illa Tulliana : « Corporis est quædam apta figura membrorum, cum coloris quadam suavitate, eaque dicitur pulchritudo ; et in animo opinionum judiciorumque æquabilitas et constantia, cum firmitate quadam et stabilitate virtutem subsequens, aut virtutis vim ipsam continens, pulchritudo vocatur (1). » Si quis vero sufficientem et omni ex parte absolutam pulchritudinis definitionem his in verbis inesse crederet, equidem ego non possem quin valde ac tota sententia dissentirem. Ordo enim et concordia partium in corpore, et coloris, quasi pigmenti cujusdam, flos et suavitas, facere , procul dubio , ad pulchritudinem possunt; nisi vero sub artificis manu corpus humanum vivere, sentire , intelligere; denique velle videbitur, erit sane quod affabre , polite, delicate factum laudemus, nihil quod vere ac simpliciter pulchrum admiremur. Quæ de pulchritudine in animis Tullius, ea magis cum rerum natura consonare videntur; etsi quum ex his, quid sit apud poetas aut ora-

(1) Cicer. *Tuscul.* IV.

tores pulchrum explicare tentabimus, verba ipsa in sen-
sum aliquo modo mutatum, et non parce detortam signifi-
cationem, derivare oportebit.

Semotis igitur his atque talibus quæ certarum rerum pulchritudinem quamdam, ac ne illam quidem omni ex parte
depingunt, de ipso pulchro, et cur definiri recte non possit, et cur a nemine non intelligi possit, dicere aggredimur.
Regula est opinionis humanæ quam Græci ἐνάργειαν, latine si
placet, evidentiam nos vocabimus, qua illustriorem orationem nullam reperiri posse confidimus. Sive igitur post lon-
gam excogitationum seriem, sive, nullo investigationis nostræ labore, hominum de aliqua re assensum evidentia rapiat,
ea est apud nos hujus, quod illa confirmavit, imperium et
auctoritas, ut, non modo de hoc non dubitare, verum etiam
nihil in mente certius habere aut suspicari possimus. Hoc stat
fundamento innixa fides, qua ducti, de *vero*, de *justo*, de
pulchro ita profitemur, ut ea per se primum existere, deinde
his atque illis adesse, quæ vera, justa, pulchra nominantur,
plena et expedita securitate declaremus. Esse igitur pulchritudinem, constat; cur autem recte a nemine definiri possit?
Hoc, opinor, quod sit, non certa rei alicujus, sed ipsa in
se pulchritudo. Illa enim quæ pulchra dicimus, hanc ob
causam dicimus, quod pulchritudine ornantur. Si vero, quam
ob causam pulchritudo ipsa pulchra sit, afferre ac probare
possemus, non jam ipsam pulchritudinem, sed pulchrum
aliquid, non pulchritudinis fontem, sed rivulum quemdam haberemus. Neque mirum : necesse est enim, per quæ
cetera definiuntur, hæc ipsa definiri non posse. Et, quum
eo tantum definitio spectet, ut, res involutas explicando,
evidentiam afferat; supervacanea prorsus et inutilis, eorum
quæ omnibus evidentia sunt, definitio non desideratur.

Hactenus, de exemplari, quid sit, et quale, disseruimus;
cujus modi sit facultas et industria, qua exemplar in mente
artificis et nasci, et augeri, et corrigi, et perfici possit, dicendum est. Illa quidem celebratur sublimis ac pæne divina

ingenii virtus, quæ cælesti quodam mentis instinctu subitoque afflatu, non format, sed reperit non indagat, sed contuetur, non ædificat, sed fundit; quæ artificem ipsum non edocet, sed impellit, non monet, sed corripit; qua denique incensi, non jam homines meditantur, sed vates debacchantur. Si poetarum σχήματα pro vero accipere velimus, nullus, nisi certo sub sidere genitus, ad honores artificis evolare poterit. Ecce autem ex adverso qui inflammationi animorum, et cœlitus immisso furori nullo modo credunt; qui assidua rerum commentatione, excogitatorum dijudicatione, hominem sui compotem, longo labore, summa industria, vix ac ne vix quidem, quod exemplar merito vocetur, efficere putant. Quos audire si velis, ingenium patientia definiunt. Sed neutris, vel utrisque simul, me quidem judice, credendum est : non jam φοιβολήπτους artifices, non furore divino correptos, sed ingenito quodam instinctu, sed innata quadam sentiendi et judicandi subtilitate, ab ipsa natura quasi instructos et armatos esse concederem; his autem valde totisque viribus assentire non dubitarem, qui rude ingenium, id est naturam sine labore, ἐνθουσίασμον sine commentatione, nihil proficere posse declarant. Imo et subitas rerum inventiones, et improvisas aptæ partium collocationis venustates, huic potissimum contingere, qui indefessa exercitatione, summa contentione, animum, ut ita dicam, fregit et rexit, facile crederem. Ingenium igitur et investigando, et comparando, et componendo alat et augeat, qui præclara operum exemplaria effingere gestit. Iis enim natura donat, qui reperire didicerunt.

De imagine, uno verbo transigemus: ea sit quæ, ad similitudinem exemplaris bene accomodata, hoc plane referat, ejusque pulchritudini non infeliciter æmuletur.

Age, vero; omnia quæ diximus, ad solitam brevitatem ac modum definitionis, quasi compendiaria oratione, recolli gamus: *Ars est facultas humanæ mentis, qua, sui conscia, pulchrum et a se ipsa fictum exemplar, per pulchras et ido neas imagines, ad hominum intelligentiam traducit.* Recte, ut ego quidem opinor; sed unum est profecto, quod nullo modo non additum velim.

Quum plurimæ humano ingenio viæ pateant, sintque in illo variæ, quæ diversis fungantur officiis, vires ac potestates, una tamen vita est humanæ mentis, finis unus agnoscitur, quo referuntur omnia, et cujus gratia facere debet quæcumque facit in quocumque genere facultas. Hoc enim, dum cogitas, nom unum assequi contendis, nempe ut cogites, dum pingis, ut pingas, dum loqueris, ut loquare; id vero cogitare, pingere, loqui decrevisti, per quod propositum humanis actionibus finem, pro virili parte, tangeres et occupares. Finis ille, virtus. Nihil igitur, cujuscumque modi sit, ex hominis ingenio scaturiat, aut decidat, aut proficiscatur, aut erumpat, quod non ad virtutem, aliqua ex parte, respicere, tendere, niti videatur. Ac in primis artium opera, quia ex omnibus quæ per hominem fiunt nobilissima, et, ut ita dicam, humanissima merito celebrantur, hanc legem summa religione venerentur et colant, ut semper aliquid, quod ad virtutem incitet et accendat, præ se ferant ac protendant apertissime. Non solam et in homine quovis dicendi peritiam, sed oratoriam in viro bono facultatem, eloquentiæ nomine veteres decoraverunt : hoc de se statui, si nobis creditur, ars quælibet intelligat. Ne quis tamen, dum verba nostra latiori sensu accipit, stoïce magis quam vere dicta arbitretur, hæc sunt quæ confirmamus : non petimus ne ullum artificis manus opus effugiat, nisi hoc vel tale virtutis præceptum decantet, more fabulæ, quæ semper δηλοῖ ὅτι .... Sed plane et præcise negamus artis esse opus, nisi quod animos a societate corporis et contagione sevocat, quod erectiores, majoresque ad capessendam virtutem facit. Repetemus igitur quam dedimus artis definitionem, eamque, ut omnia complectatur, paululum sic inflectemus : Ars est facultas humanæ mentis, qua, sui conscia, pulchrum et a se ipsa fictum exemplar, per pulchras et idoneas imagines, ad hominum intelligentiam, *cum aliquo ad virtutem respectu*, traducit.

Quod si tale aliquid ac nos explicavimus, neque aliud quiddam ars dici debeat; si vere hic est artificis labor, quem esse statuimus; nemo est, opinor, qui non animadvertat, nullam, nisi in aliqua scientia versetur, nisi rebus quibusdam cognitis penitusque perspectis contineatur, artem effici, vel cogitatione deprehendi posse. Quum enim artis esse negavimus, quod fortuito ex imprudentis artificis manu decideret; quum ipsum, in exemplari fingendo, uti partibus e diverso collectis, sed eas in aliquam novam et inauditam formam. proprio et peculiari consilio, redigere jussimus; quum ille, dum vehementer pulchritudini studet, iis quæ suppeditat ingenium nunc detrahere, nunc addere necesse habeat; quum denique, ut rem a se bene, perfecte, pulchre conceptam, in hominum animos transferat, non quamlibet imaginem, sed eam quæ natura sua maxime congruens et aptissima videatur, usurpare soleat; quum hæc, inquam, omnia, et alia ejus modi plurima, nullus, in arte quavis, artifex omittere possit. quis jam dubitet, esse in artibus rationes certas, quæ habent ordinem, et quasdam errare in faciendo non patientes vias? Est profecto sua cuique arti propria et accommodata præceptio, quam non malo, ut videtur, vocabulo signemus, si nomine *artificium* dixerimus.

Operæ pretium est animadvertere, quid esse artificium ponamus. Non enim totam in solo artificio artem includere et quasi comprimere volumus; hoc tantum, artem esse nullam sine artificio, contendimus. Sunt artis, et ea quæ vi subita repentino partu, felix ejaculatur ingenium, et ea quæ meditato temperamento, sensim et pedetentim producta, gradatim et caute amplificata, docto et assiduo labore perpolita, timidus ac prudens animus tandem ad lucem emergere patitur; eorum vero, neque aliorum, artificium est, quæ colligi, quia in unum exitum spectant, et scientia comprehendi possunt. Ars ratione, sed et instinctu; ratione tantum artificium valet. Non igitur ars tota artificium, sed artis particula, et ea quidem necessaria, videtur.

Quum autem ea sit artificii cum arte conjunctio, et quasi intima commixtio, inde factum est ut res duas, arctissimo quidem vinculo colligatas, duas tamen ac diversis finibus circumscriptas, homines uno vocabulo, scilicet *arte*, comprehenderent. Itaque, in plerisque artibus, artificium, dum ab arte non distinguitur, proprio caret nomine. *Sculpturam antiquorum, musicam recentiorum probamus*; de arte musica dicitur. *Musicam Damon et Aristoxenus tractaverunt*: de artificio musicæ intelligendum est In paucis tamen, aliter, et rationi conjunctius : ars quæ dicitur *poesis*, artificium habet quæ dicitur *poetica*; et *eloquentiæ* artificium est *Rhetorica*.

Sic igitur ponimus : ars est quædam eloquentia; hujus artis, ut ceterarum, artificium est; hoc artificium, Rhetoricam dicimus.

Nunc vero, quum ad id venimus, ut jam, Rhetorica quid sit, explicare oporteat, quomodo, nisi prius de ipsa eloquentia statuerimus, certum aliquid et probabile de Rhetorica disserere posse speramus ? Particula enim eloquentiæ est ; quænam vero particula? ea nempe quæ in eloquentia omnia, de quibus præcipi potest amplectitur. Nisi vero quæ sint in eloquentia recensuerimus, nos ea, de quibus in eloquentia præcipi potest, nunquam cognituros quis dubitaverit?

Quid sit eloquentia, si ex viris clarissimis, eloquentiæ principibus, iisdemque magistris, accipere velimus, abunde nobis facunda, et parvo sumptu composita, oratio aderit. *Dicere ad persuadendum accommodate* (1), hoc est, si oratori summo fidem adjungamus, oratoris officium. De quo quid sentiam, etsi Tullio, de arte sua disserenti, non credere, grave quodammodo et non satis a temeritate alienum jure

____

(1) Cicer *de Orat.* lib. 1, c. 61.

videatur, aperte tamen profiteri liceat. Aliud est, opinor, persuadere homines, aliud eloquentiæ laudem, oratoria facultate consequi. Antiphontem Rhamnusium, quum adjudices capitis causam pro se ipse diceret, summa eloquentia oravisse, neque quidquam profecisse, scripsit Thucydides. Et ne infinitam exemplorum seriem afferam, neque Demosthenes περὶ ψευδοπρεσβείας, neque ipse Tullius pro C. Antonio, pro A. Gabinio, segnes aut parvi pretii oratores fuerunt, neque tamen eloquentia vicerunt. Imo, dicendi magnificentia multæ, apud nos etiam, Ciceronis orationes valent, quæ nos minime persuasos efficere possunt. Testis illa splendidissima legis Maniliæ commendatio, uberrima illa et acutissima et politissima Milonis defensio, quarum utraque, ut in suo genere perfectam et absolutam eloquentiæ speciem ostendit, ita nobis nullo modo, vel infinito imperio Pompeium ornari e republica esse, vel judicibus ob innocentiam eripi Milonem æquitatis esse, persuadet. Quin hanc eloquentiæ, cum ceteris ejus modi, definitionem relinquentes, inceptaque via decurrere pergentes, quum jam artis naturam explicaverimus, huc recurramus, atque inde istius artis, quæ est eloquentia, naturam deducere, ac velut exprimere, conemur.

Quæcumque sit artis definitio, una in omnes valet: nulla enim est in genere dissimilitudo; quæ si esset, non una omnes definitio contineret. Quum igitur sit ars quædam eloquentia, necesse est ut in ipsam artis definitio valeat. Omnis autem definitio genere ac proprietate quadam declaratur. Itaque, quum genere quid sit eloquentia, per definitionem artis, teneamus, unum hoc superest, ut se qua proprietate ab aliis artibus eloquentia disterminet, oratione plana et evidenti decernamus.

Genere quidem exemplarium, magis autem et clarius genere imaginum, quibus in exemplari referendo utuntur, artes inter se differunt. Hac igitur investigare pergamus. Ab homine ad hominem nulla imago, nisi per sensus, transmittitur ; qui, quum sint quinque, imaginum genera quinque accipere possunt. Quæ autem per sapores , odorationes , tactionesve accedunt imagines , nihil ad eas, quas artes vocamus, facere , communi omnium opinione confirmatur. Longe aliter de his , quæ per oculos auresve intromittuntur, dicendum est. Quum enim oculi percipiant *colores* , inde *pictura* ; quum *formas* , inde *sculptura* , quæ viventium species , inde *architectura* , quæ structuras linearum refert , duxere originem. Aures vero colligunt sonos ; qui breves aut producti, acuti aut graves , varietate ac intervallis distincti , materia *musicæ ;* ab humana autem voce profecti, et cum quadam rerum significatione conjuncti, fiunt poesis et eloquentiæ materia.

Quibus perspectis , hoc jam profecimus , nempe ut , eloquentiam hanc esse artem agnoscentes , quæm ente concepta sermone declarat , jam ab ceteris artibus penitus distincta , et a sola poesi non satis discreta et separata esse videatur. Poeticum ergo, ut vocatur , eloquium , ab illo, qui est eloquentiæ proprius, sermone, qua ratione discrepet , quærendum est. Rem vero longæ operæ ac multorum verborum , ut leviter , et in his tantum quæ necessaria desiderantur , attingamus , sic breviter dicere liceat : si ad res ipsas , quæ sermone traduntur, spectare velis, materia ficta et mentita poesis, vera et communi eloquentia utitur; si ad linguam , ita poesis in usum sibi proprium et peculiarem verba detorquet , ut sermone quasi ficto uti videatur ; eloquentia vero , ita omnium in loquendo consuetudini servit , ut, non modo verba non mutare, sed vix ea loco movere, aut ornare audeat ; si denique ad numerum, longe astrictior poeta, qui, dum verba versu includit, ne sit aliquid vel minimo spiritu brevius aut longius quam necesse est, rhythmicus cavere debet ; legem vero valde remissiorem sequitur orator, cui, si continuatione rupta, et æqualia distinguuntur, et sæpe varia intervalla percutiuntur , satis est.

Sit igitur hæc, ab ceteris artibus qua differat , eloquentiæ

proprietas. Genus autem eloquentiæ ipsa artis definitio de-
derat. Itaque, quum nobis quæ sit eloquentiæ natura pateat, quod esse debeat hujus artificium perspicere poterimus.

Virtutis, in quacumque artis opera, respectum aliquem
esse voluimus : inde oratori, quæ sint innocua, bona,
sancta, et noscendi et colendi summa necessitas. Hoc sane
præcipuum; sed quia non magis oratori quam poetæ, vel
artifici cuilibet, imperandum est, legem aperte declaravisse
contenti, singula ejus persequi supersedebimus. Est etiam
illud non eloquentiæ proprium, sed artis cujusquam com-
mune præceptum, artificem, qu.m ad *facultatem quamdam, sui consciam*, pervenire gestiat, in his præsertim,
dum instituitur et informatur, versari et occupari debere,
quæ animi exercitatione, judiciorum correctione, inven-
torum expolitione, totius denique mentis tum purgatione
tum erectione, hominem liberaliter educatum efficere possint .

Nunc vero hæc, quæ diximus, nullum esse artificem,
nisi qui pulchrum et a se fictum exemplar in ipsa mente
contemplatur, quid officii studiosis eloquentiæ afferant,
explicandum est. De intervallis non judicat oculus, nisi exercitatione longa educatus : sic mens de pulchro sapienter vel
delicate, nisi assidua pulchrorum contemplatione instituta,
non judicat. Opera igitur magistrorum artis, quæ longa hominum admiratio commendaverit, in quibus, multorum
judiciis et omnium consensu, quid sit candide ac vere pulchrum ipsa luce clarius appareat, nocturna manu diurna-
que pervolvet futurus orator. Cujus rei non mediocris aut
una erit utilitas; primum quidem, e perpetuo pulchrorum
commercio, sibi majus, in deprehendenda pulchritudine,
acumen parabit; sed si quæcumque splendide ac ornate
composita et ædificata mirabitur, in suas partes et στοιχεῖα
diducere velit, non modo multa inde colliget ac seponet,
quibus alio ordine dispositis, et novo quasi involucro vel
integumento vestitis, inauditum et inopinatum aliquid ipse

olim proferre poterit; verum etiam, qua ratione inter se col-
·ligentur et quasi coalescant res diversæ penitus, et quo
artificio, variis partibus recte collocatis, totum pulchre
ponatur, vividis et, ut ita dicam, spirantibus exemplis
perspiciet.

Hoc autem, quum de artibus quæ sermone constant dis-
seritur, necesse est animadvertere : nihil apud illas, mira-
bili quantumvis junctura contextum, vel exquisitissimis or-
namentis illustratum, ut pulchrum perfectumve laudari,
nisi quod rerum naturæ, rationisve legibus omni ex parte
sit consentaneum. Et quoniam innumera recenserentur, in
quibus opum suarum fontem effundere eloquentia possit,
oportet multis de rebus quod naturæ vel rationi consonat
et perspicere oratorem et meminisse. At eloquentia in nemine, nisi qui scientiis omnibus ornare sese ac munire potuerit, locum habebit? Minime : hanc vero scientiam quæ
hominem explorat (philosophiam vocant), in qua disse-
rendi rationes, et morum regulæ, et plurimæ de rerum atque ipsius hominis natura disquisitiones continentur, velut
arcem scientiarum quamdam, unde in plurima discurrere
facilius, occupare ac possidere festinet. Et quia nulla est
plena et absoluta cognitio et scientia de homine, quæ, inti-
mam ejus naturam scrutari contenta, varias hominum, pro
temporibus, pro regionibus, agendi consuetudines edis-
cere negligit, quæ in historia de gentium institutis et gestis
et moribus traduntur, diligenter evolvet. Tum vero si de
reliqua scientiarum multitudine hæc hauserit atque expres-
serit, quæ quotidiana necessitas rerumque vulgatarum trac-
tatio postulat, satis instructum, ut videtur, paratumque
oratorem habebimus, ut vera de re quacumque, quod est
in eloquentia probatissimum, pronuntiare possit.

Unde vera dicat orator, quæsivimus; et unde dicat, ex-
cutiendum est. Neque se totum huic studio literarum quod
profitentur ii qui grammatici vocantur, tradet orator;
neque hujus disciplinæ mediocriter esse peritus debebit.

Num quidquam scite compositum aut feliciter meditatum
ea de se expectare jubebit oratio, quæ se ne ad normam
quidem puri et usitati sermonis accommodare potuerit ? Ita
tamen lingua, qui volet ad eloquentiæ laudes ascendere,
uti conabitur, ut ea quæ sentiet, verbis ad nutum concur-
rentibus, exprimat, non autem rebellantes voces, aliterque
ac mens invitat sonantes, victus ac deformatus sequi coga-
tur. Non solum igitur, si quis optimæ notæ scriptores
egregie calleat, qui linguam omnino quidem perfectam,
sed nullo modo mutandam præbent, hoc ad bene dicendum
conferet; verum etiam si rerum inter se relationes, quæ,
quum novæ aut inauditæ deprehenduntur, novas quoque
ac inauditas verborum juncturas suppeditant, quærat et
investiget, id præsertim erit ad ea quæ volumus gravissimi
momenti et ponderis. Scriptorum vero (neque solos oratores
dico, sed et poetas) ad hoc magnopere valebit commer-
cium, ut leges numerorum quæ sint, auris (ea nempe est
judex) paulatim discat et assequatur. Si quis autem, ut
aures edoceantur numerum, oratorem in musicis versari
juberet, rem sane non absurdam, sed auxilium, meo quidem judicio, prorsus inutile proferret. Sic enim ab illo
modo conserendi sonos, qui est oratoris, modus ille, qui
est musici, distat et abhorret, ut neutra res in alterius
opem descendere posse videatur.

Hæc sunt, summatim quidem, sed, ni fallimur, integre,
quæ de eloquentia præcipi posse credimus; hoc est igitur
eloquentiæ artificium, hæc Rhetorica. Toto quidem spatio,
et, ut ita dicam, toto cœlo ab illa vulgata Rhetorica distare
videtur, quæ suis in visceribus perfectam et absolutam
eloquentiam gestare gloriatur. Cui si credas, et eloquentiam in sua genera, et horum unumquodque in species
proprias dividit. Jam in omni specie omnia inveniendi, et
collocandi, et exprimendi, leges præceptaque diffundit.
Pandit illa *locos*, unde inops, ut se sustentet, parata semper alimenta depromat ingenium; explicat σχήματα, unde

sibi ornamenta et cultus detorqueat angusta, jejuna et mi-
sera oratio. Neque tamen illa quæ pollicetur efficit : dum
enim, summa copia, res innumeras in medio ponit, multa-
rumque rationum in omni genere subsidia benigne pandit
et explicat, ea est rerum quæ tractantur infinita varietas, ut
satis multa Rhetoricam effugere necesse sit. Denique, quum
in hoc tantum laboret, ut se accingenti ad pugnam oratori
instrumenta victoriæ suppeditet, minimi ad æquum bo-
numque respectus non raro insimulanda est. Plura dicerem,
nisi jam et de illa fucata, et de vera Rhetorica quid senserit
Plato, tempus explicandi adesset.

Huc usque, ni fallimur, hæc nos disserendo consecuti
sumus. Explanata artium natura, artem sine artificio nullam
esse vidimus; unde suum esse artificium eloquentiæ, nempe
Rhetoricam, patuit. Tum ipsius evoluta eloquentiæ natura,
Rhetorica quid esset declaravimus. Quibus perspectis, non
modo facem quamdam investigationis nostræ præferimus,
quæ oculis nostris quidquid Plato de Rhetorica dixerit clarius et apertius faciet : sed et sequendi itineris quasi des-
criptionem peregimus, ita ut, quid primum, quid medium,
quid extremum dicendum sit, in promptu habeamus. Rhetoricæ suasor an dissuasor Plato credendus est? Hoc est
quod quærimus. Si vero inter artes optimas eloquentiam
Plato nominaverit, si artificium in artibus, imo sæpius artes
in artificio totas esse posuerit, si, mentitæ solum Rhetoricæ
asper inimicus, puræ autem ac sinceræ patrocinium ita
susceperit, ut quasdam ei leges imponere non sit dedignatus, nobis quodammodo *Platonem, Rhetoricam non re-
jiciendi auctorem* dicere licebit.

Interroganti Gorgiæ « Quamnam esse artem Rhetoricam
diceret? » respondisse Socratem : « Nullam, o dulcissime »
omnes didicimus. Lepide quidem, et, ut adversus Gorgiæ
Rhetoricam, verissime dictum, ac multis et optimis argu-
mentis probatum et confirmatum. Verum, ut ego quidem
opinor, qui Platonis de Rhetorica sententiam in his, quos

ἀνατρεπτικοὺς vocant, dialogis quærendam esse potissimum arbitraretur, is in erroris labem non minimam incurreret imprudens. Quis enim nescit Platonem in talibus hunc præcipuum, imo unum, sibi utilitatis finem proponere, ut falsas et pervulgatas de aliqua re opiniones irrideat, nullam vero operam sumere, ut, ipse quid sentiat et pro vero habeat, profiteatur. Quin et locis pluribus Socratem, dum sophistarum argutias refellit, non satis ab eisdem deliciis abstinere, sæpius et non sine justa Platonis reprehensione, ab hominibus peritis animadversum ac notatum est (1). Rhetoricam vero esse artem aliquam hinc Platonem credidisse inferrem, quod et ipse contra Rhetores quasi per æmulationem artis luctari voluit, dum solemnem eloquentiæ materiam, nempe civium laudes qui pro patria inter pugnandum ceciderunt, non parvo studio tractandam expoliendamque suscipit (2). Scio nonnullos acutissimi ingenii viros id contendere, *Menexenum* a Platone non aliam ob^t causam conscriptum fuisse, quam ut rhetores facete imitando carperet. Eamdem enim totius operis distributionem, eosdem locos ornatos, easdem etiam orationis munditias in *Menexeno* ac in ceteris ejusdem consilii scriptis deprehendunt et afferunt. Quæ quidem partim vera sunt, et defendenda; partim vera et condemnanda, sed ad necessitatem operis referenda, quum in laudandis qui pro patria ceciderant, et ipsius patriæ encomium, et majorum gloriam, et viventium præclare facta oratione extolli mos avitus et non prætermittendus vellet ac juberet. Sed quia in rerum gestarum commemoratione veritatem, in rei popularis laudatione sapientiam et modestiam, in consolandis militum defunctorum parentibus spem vitæ post exitum immortalis adhibet, quia demum in ornandis, ut erat necesse, locis

(1) Exemplo sit dialogus qui *Hippias secundus* inscribitur. Hic Socrates, hunc esse a vero minus alienum qui sponte ac volens mentitur, quam qui inscius et indoctus in errorem labitur, adversus Hippiam contendit. De quibus vide *Argumentum* isti dialogo præfixum, in operibus Platonis gallice translatis, tom. IV. Paris. 1827,

(2) Plat. *Menex.*

quos voluntas populi probatusque usus præteritos non to-
leravissent, ea semper animi magnitudine ac sanctitate
locutus est Plato, ut virtutis cultum et amorem in audientium mentibus infunderet; illum Rhetoribus, non exquisi-
tioris in contemnendis rebus ingenii documentum, sed
sublimioris, sed viris bonis probandæ artis monumentum,
ostendere voluisse non dubitandum est (1). Ipsi certe Athe-
nienses non aliter de hac oratione judicaverunt, qui quo-
tannis eam recitari coram populo jusserunt. Plato igitur
artem Rhetoricam, dum studiis colit, auctoritate confirmat.

Quid vero, quum Lysiæ orationem de amore non solum
reprehendit, sed et pro reprehensa novam reponit (2)? Quæ
in fine dialogi de arte ipsa oratoria disserit, nondum pro-
fero; hoc unum dico : nisi quid in talibus artis veræ ac non
rejiciendæ Plato sensisset, ea nunquam Socratis exemplo
commendavisset. Fit enim rhetor per Platonem Socrates,
optimus quidem, rhetor tamen, et unus ex iis qui Rhetoricam, pessimam artem, exercent. Necesse est igitur ut
homines, qui, ad excitandas multitudinis cupiditates, ad
inflammandos indoctorum furores, fucata et perversa eloquentia usi sunt, non ipsam, per se optimam et prorsus in-
noxiam, eloquentiam a Platone fuisse notatam damnatam-
que confiteamur. Cujus aliud, si libet, argumentum posse
adhibere videmur, si, qualibus verbis de Isocrate sit locutus
Plato, paululum attendere voluerimus : « Majore mihi ingenio videtur esse, quam ut cum orationibus Lysiæ compa-
retur. Præterea ad virtutem major indoles; ut minime mirum futurum sit, si, quum ætate processerit, aut in hoc
orationum genere, cui nunc studet, tantum, quantum pue-
ris, reliquis præstet omnibus, qui unquam orationes atti-
gerunt; aut, si contentus his non fuerit, divino aliquo

(1) Adi Villemain, *De l'Oraison funè-* *Menexeni.*
bre, Mélanges, t. II. et *Argumentum*   (2) *Phædr.* initio.

animi motu majora concupiscat. Inest enim natura philosophia in hujus viri mente quædam (1). » Quæ nos in extenso non apposuimus, quia Platonem a Tullio ex verbo expressum afferre licebat ; sed quia minime alienum est a disputatione, quam instituimus, ea ipsa, quibus Plato usus est, verba perpendere. Dixit enim posse Isocratem, pro illa, quæ natura in ipsius mente insita est, philosophia, majora concupiscere; id est, esse aliquid supra eloquentiam, quod olim affectare possit Isocrates ; sed nullo modo eloquentiam nullam esse artem, et ex ea, quam citissime, Isocratem, quasi ex turpi vinculo, expedire sese debere contendit ; imo et pulchram et ipsi appetendam, si in hoc genere orationum, cui nunc studet, consistere voluerit, gloriam non defuturam satis aperte profitetur.

Ea recte, ut videtur, ex allatis locis concludimus ; quis autem nescit accidere sæpius, ut, e scriptis cujusvis, hæc per dolosæ argumentationis ambages exprimantur, quibus omnino contraria ipse auctor in mente aluerit, ac proferre destinaverit? Quædam igitur suspicio est, nos Platonis verba detorquere vel inflectere ; quæ, donec illustrem quemdam Platonis locum attulerimus, ubi laudatam non generatim Rhetoricam, sed nominatim probatam ostenderimus, fidem dictis aliqua ex parte detrahet. Sin autem afferimus, et locus iste per se valebit, et omnia quæ supra ædificavimus eodem tempore confirmabit. En igitur in Euthydemo Socratem audiamus. Negat Crito sibi causam esse videri, cur filium Critobulum, adultum jam, et doctrinæ capacem, ad amplectendum philosophiæ studium incitare debeat. Eum nempe dehortantur ac deterrent horum, qui se magistros offerunt, ineptiæ. Cui Socrates : Ὦ φίλε Κρίτων, οὐκ οἶσθα ὅτι ἐν παντὶ ἐπιτηδεύματι οἱ μὲν φαῦλοι, πολλοί, καὶ οὐδενὸς ἄξιοι, οἱ δὲ σπουδαῖοι, ὀλίγοι, καὶ τοῦ παντὸς ἄξιοι; ἐπεὶ γυμναστικὴ οὐ καλὸν δοκεῖ σοι εἶναι, καὶ χρηματιστικὴ, καὶ ῥητορικὴ, καὶ στρατηγία; Assentit

---

(1) *Phædr.* in extrema pagina. — Cicer., *Orat.* c. 6.

23

Crito. Tum Socrates animadvertens eos , qui has artes profitentur, magna ex parte insanos esse ac prorsus ridiculos ,
ipsas vero artes dignas quæ colantur ac doceantur, Crito-
nem facile persuasum efficit , etsi multi inter philosophos
stulti ac pravi jure habeantur, non ipsam idcirco philosophiam male audire ac derelinqui debere ! (1) Rhetoricam
certe inter alicujus momenti artes Plato nominavit. Sed forsan aliquis : inter artes, inquit, utiles, gymnasticam, scilicet,
atque argentariam; vide, sis, ne orator ex artificibus ad opi-
fices ita descendat. Nos autem, quum ϛρατηγίαν ibidem nomi-
nari videmus , nihil tale suspicari possumus , præsertim
quum et alia proferri queant, unde, quali secundum Platonem dignitate sit orator, facile intelligatur. Quæ sit scientia
πολιτικὴ, Socrates cum Eleate hospite instituere pergit ; jam
plura , ut illi parum congruentia , dimoverunt ; Socrates
vero:..... Ἔοικε καὶ νῦν ἡμῖν τὰ μὲν ἕτερα καὶ ὁπόσα ἀλλότρια , καὶ τὰ
μὴ φίλα, πολιτικῆς ἐπιϛήμης ἀποκεχωρίσθαι, λείπεσθαι δὲ τὰ τίμια καὶ
συγγενῆ. Τούτων δ’ ἐϛί που ϛρατηγία, καὶ δικαϛικὴ, ὅση βασιλικῇ κοινω-
νοῦσα ῥητορεία, ξυνδιακυβερνᾷ τὰς ἐν ταῖς πόλεσιν πράξεις (2). Hic saltem neque argentaria , neque gymnastica officiunt ; cum
ϛρατηγίᾳ , cum δικαϛικῇ ars oratoria nominatur , et βασιλικῇ,
quid majus expectas? cognata dicitur.

Ex his omnibus , oratoriam facultatem a Platone inter
artes constitui et coli perspicuum est. Nisi vero hujus facultatis artificium esse aliquid secundum Platonem de-
monstraverimus, hæc nostra disputatio Rhetoricæ parum
profecerit. Multum valere ingenium in artibus, et Platoni
pluribus locis dictum est , et nos confiteri non piget : artem enim ingenio et artificio constare voluimus. Audiemus
igitur placidi et immoti Socratem in *Politico* de artium
præceptis disserentem : Αἱ γὰρ ἀνομοιότητες τῶν ἀνθρώπων καὶ
τῶν πράξεων, καὶ τὸ μηδέποτε μηδὲν, ὡς εἰπεῖν ἔπος, ἡσυχίαν ἄγειν τῶν

_____

(1) *Euthydem.* p. 507. A.   (2) *Politic.* p. 503. C.

ἀνθρωπίνων, οὐδὲν ἐῶσιν ἁπλοῦν ἐν οὐδενὶ περὶ ἁπάντων καὶ ἐπὶ πάντα τὸν χρόνον ἀποφαίνεσθαι τέχνην οὐδ' ἡντινοῦν (1). Si quis enim nihil in quacumque re præcipi posse secundum Platonem ex his deduceret, ab omni Platonis doctrina prorsus abhorreret. Non simpliciter et absolute leges artibus repugnare Plato contendit; satis autem esse in rebus humanis et varietatis et inconstantiæ , ut in multis quid sit verum æternumque statuere non possint homines, docet ac profitetur. Sic unus ex iis , qui Gallicarum litterarum decus ac lumen merito vocantur (2), negat in artem redigi posse rationes illas, sive alio vocabulo appellare volueris, quibus animos hominum permulcet ac flectit orator; artem vero persuadendi esse aliquam, quæ doceri possit, tantum abest ut inficietur, ut istius præcepta summo studio describenda suscipiat. Neque Plato aliter. Hoc enim in artibus recte se habere dicit , τὸ κατὰ τὴν τέχνην γιγνόμενον (3). Sic in arte qualibet disciplinam et doctrinam , quæ doceri ac teneri queat, inesse confidit , ut cum, qui artem integram occupaverit, de omnibus quæ arte comprehenduntur judicare posse confirmet (4). Nulla enim artis opera, nisi ad regulam quamdam instituta : Μετρήσεως μὲν γὰρ δή τινα τρόπον ὁπόσα ἔντεχνα μετείληφε (5). Præceptiones artium , legis nomine vocandæ sunt (6); ab illa nempe sapientia proficiscuntur, quæ absolutæ ac universæ ac perfectæ sapientiæ particula , artis cujuscumque dux habetur et princeps (7).

Nunc vero, quum in artibus generatim esse artificium Plato doceat, solane proferetur eloquentia de qua id] negaverit? Ad summum, nullus-ne in toto Platone locus reperiri poterit , ubi rem plane atque aperte declaraverit? Ita ne nobis *Phædrus* e memoria excidit? Εἰ μέν σοι ὑπάρχει φύσει

---

(1) *Politic.* p. 294. A.
(2) Pascal, *Pensées.*
(3) *Alcib.* I, p. 27. A. m.
(4) *Ion.*, p. 532. B.

(5) *Politic.* p. 285. A. — et *Gorg.*, passim.
(6) *Min.*, p. 316.
(7) *Theag.* et Ficini argum.

ῥητορικῷ εἶναι, ἔση ῥήτωρ ἐλλόγιμος, προσλαβὼν ἐπιϛήμην τε καὶ μελέτην· ὅτου δ᾽ ἂν ἐλλίπης τούτων, ταύτῃ ἀτελὴς ἔση (1). Quibus magis perspicua nemo requiret.

Ars est igitur, secundum Platonem, Rhetorica; imo, quænam sint hujus artis præcepta, ipsum apud Platonem invenies. Primum quidem, artis rhetoricæ, ut ceterarum, finem assignabit Plato, nempe virtutem. Sit orator et scientiæ et linguæ muneribus potens; Themistocles aut Pericles proponatur; nisi huic præsertim studuerit, scilicet ut ex deterioribus meliores orationum suarum auditores faciat, hunc artis propositum non adimplevisse Plato judicabit (2).

Hoc deinde a futuris oratoribus efflagitat, ut sint ex eorum numero quos διαλεκτικούς appellat. Duplex antem dialectica vis et exercitatio : unum quidem genus est, quod præcipue dialectica, multis vero λογική dicitur, quo quid primum, quid extremum poni debeat, ars inveniendi traditur; hinc omnis in orationibus mensura, hinc omnis egregia partium collocatio; hinc sequentium cum antecedentibus colligatio evidens, hinc orationis robur ac firmitas. Alterum genus est, quo mentem a levibus et nullius pretii cogitationibus, ad majorum ac divinorum quasi contemplationem adhortamur; quo fit, ut aversus ab istis, quas ingeruut corpora, cupiditatibus, sana omnia et sublimia cogitans, melior in fingendo, acrior in dicendo animus evadat (3). Quum vero hominibus homo loquatur, humanæ mentis naturam, et quænam ipsi potestates ministrent, et quibus erroribus deludi soleat, orator ediscet. Uno verbo, illum dedisse operam philosophiæ, necesse est (4).

Tum rerum naturam attigisse (5), scientiarumque vel rei cujuslibet, de qua verba facere volet, materiam aliqua ex parte tractavisse oratorem Plato jubet ac præcipit. Hic enim, neque alius quisquam, de re quavis jure disseret, qui de

<hr>

(1) *Phædr.*, 269. D.
(2) *Gorgias.*, p. 503. C. et 515. D.
(3) *Phædr.*, p. 269, 270.
(4) *Phædr.*, p. 278.
(5) *Phædr.*, p. 354.

illa penitus, quænam sit, quæ complectatur, quibus repu-
gnet, didicerit et cognoverit (1). Accedet sanctum, et in omnibus observandum, ea quæ noverit, ita ut noverit, vera ac
sincera proferendi officium (2).

De pulchritudine, ordinem, ut par est, oratori Plato com-
mendat (3): neque tamen sic omnia profecisse credit, egregie
que commonstrat, tum Hippiam quum refellit (4), pulchritudinem vel utilitate, vel voluptate, vel convenientia defi-
nientem; tum et præsertim, quum Socratem a diis pulchritudinem animi, quasi divinum quoddam, et in animis veluti
afflatione cælesti diffusum, precantem ostendit (5).

Nullam de magnis præclarisque scriptoribus evolvendis
mentionem injecisse, Platonem forsan aliquis desiderabit.
Quod a Platone simpliciter omissum, neque negare, neque
sine ulla restrictione confiteri vellem Quum enim et rerum naturam et scientiarum materiam attingere oratorem
jubet, num alias aut ad magnos scriptores eum perducere
videtur? Quum vero de προοιμίῳ, et ἐπανόδῳ et ceteris orationis
partibus, quas ab orationibus hominum prudentium rhetores eruerunt et illustraverunt, Plato loquitur (6), tum aliquid e scriptoribus primariis erui posse ac debere, nos ad-
monet simul ac edocet. Quum denique multa ac præclara
in Protagora et quibusdam notat, nos ad eorum legenda
scripta quasi deducit et invitat (7).

Artem rhetoricam a Platone non solum agnosci, sed et
commendari et describi, ut videtur, ostendimus. Nunc
illæ depromantur a *Gorgia* et afferantur gravissimæ vitu-
perationes. reprehensionesque rhetorum. Mali, inquam,
et perversi rhetores; vana, inquam, et futilis rhetorica;
neque ars ipsa, neque boni et egregii cultores artis, re-
prehenduntur. Ars tua, Gorgia, coquinariæ similis; mera

---

(1) *Alcib.*, I. passim.
(2) *Phædr.*, p. 277. — *Apol. Socr.*,
Ἀρετὴ ῥήτορος τἀληθῆ λέγειν, sub. init.
(3) *Phædr.*, passim.

(4) *Hipp. maj.*, pars ultima.
(5) *Phædr.*, in extrema pagina.
(6) *Phædr.*, p. 267.
(7) *Ibidem.*

nempe adulatio ; ars autem quam colere deberes, medici-
næ, in *Phœdro*, comparatur. Dum verba fundis, et res ne
minime quidem attingis ; verisimilia ædificas, vera negligis;
parva ex magnis, magna ex parvis derivas ; denique dum
laudes bene dicentis persequeris, boni autem et justi viri
floccifacis ; rhetoricæ simulacrum quoddam, non autem
ipsam rhetoricam tenes. De virtute, quæ est finis artium ;
de scientia, quæ est intelligendi et loquendi fons ac princi-
pium ; de veritate, sine qua sonos effundimus, non eloqui-
mur ; tuque, tuique pares, nullam curam habetis ; justo
igitur judicio caditis ; non autem ipsa vobiscum rhetorica,
quæ contra, talibus purgata deliciis, a vestris manibus in
manus Platonis, a vestris ineptiis ad Aristotelis præcepta et
leges, magna ipsius felicitate pervenit.

Non omnino, ut confidimus, a proposito nostro deerrare
videbimur, si breviter et summatim dicentes, quæcumque
illa merito laudata Aristotelis, ut vocatur, Rhetorica, fundit
et explicat, omnia prius a Platone perspecta et indicata ostenderimus. Esse artem rhetoricam Aristoteles confirmat,
Plato dixerat; Rhetoricam dialecticæ ἀντίςροφον Aristoteles,
id est logicæ ; dialecticæ, id est philosophiæ, Plato voluerat.
Pulchre quidem τὰ πάθη καὶ τὰ ἤθη Aristoteles describit ;
recenseri Plato jusserat. Cetera, quæ de Protagora, vel
Thrasymacho, vel Theodoro, vel Antiphonte, vel Isocrate
deprompsit, partim attigerat, partim reprehendisset Plato.

Fuerunt postea, præsertim inter eos qui *peripatetici* et
academici nominantur, philosophi, qui Platonis admodum
obliti, Aristotelem sæpe relinquentes, Theodori potius et
Isocratis discipuli, rhetoricam artem, cujus exemplar libros, qui *Rhetoricorum ad Herennium* inscribuntur, habere
credimus, non sine cura conscripserunt. Hi vero ad Herennium libri, omnibus quæ posteritati de arte sua manda-
vit romanus orator (libros tamen *de Inventione* velim adjun-
gas), longe inferiores ab universis judicantur. Adde *Partitio-
nes*, adde *Topica*. Ecce autem majori diligentia sublimioris

artis fontes reserantur; pretii minoris præcepta ad spatium justius revocantur; libros habes *de Oratore*, quos eumdem apud Latinos ordinem tenere censeo, qui est apud Græcos Aristotelici operis. Etiam atque etiam præceptorum abundantiam et quasi luxuriam reseca; sis totus in ἀρχαῖς; nihil nisi virtutem, et scientiam, et veritatem loquare; *Oratorem* habes : Platonem sapis.

Vidi ac perlegi,

Lutetiæ Parisiorum, in Sorbona, a. d. III id. Aug. anni M DCCC XL, Facultatis Litterarum in academia Parisiensi decanus,

J.-VICT. LE CLERC.

Typis mandetur

ROUSSELLE ,

Studiorum inspector, procurandis academiæ Parisiensis rebus præpositus.

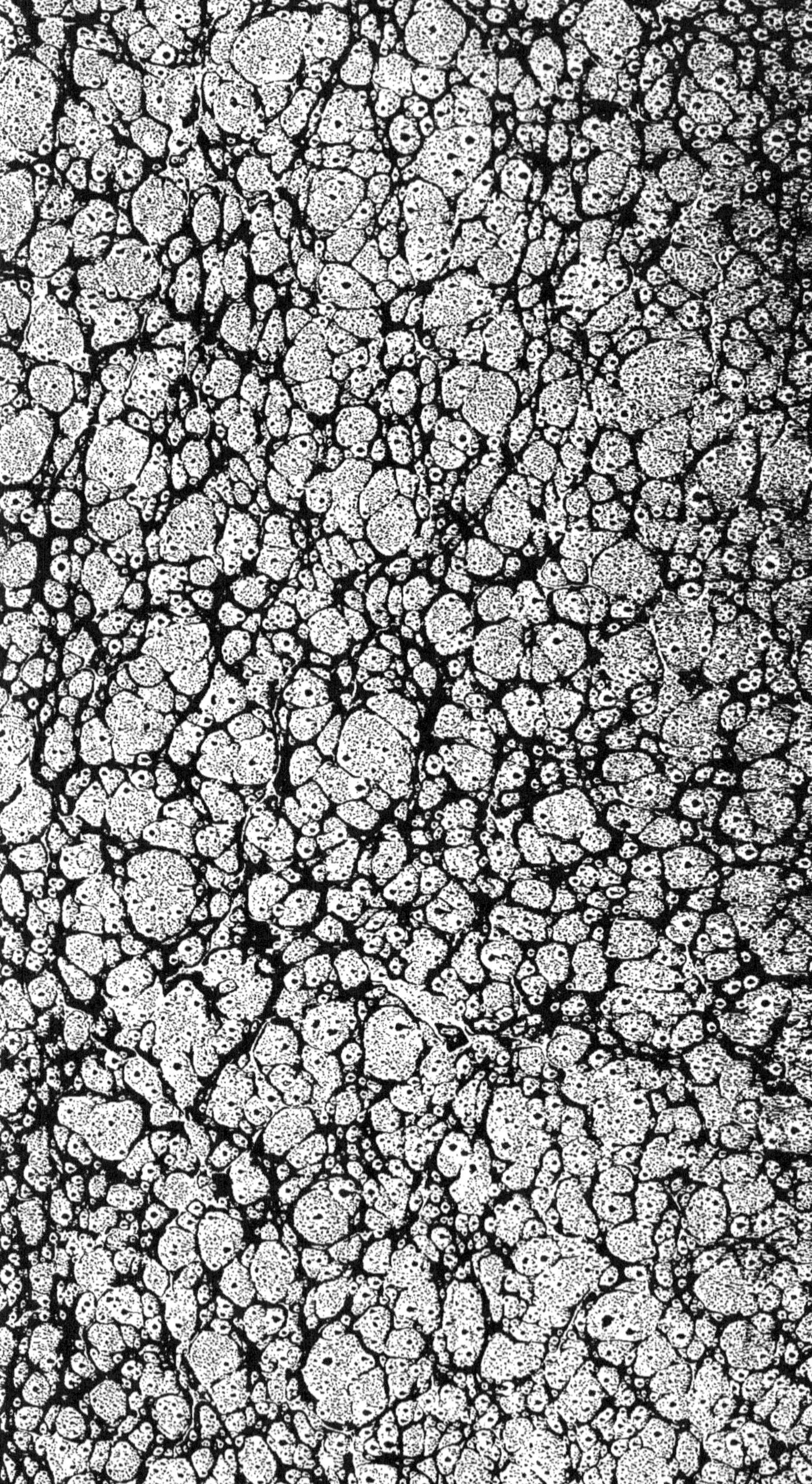

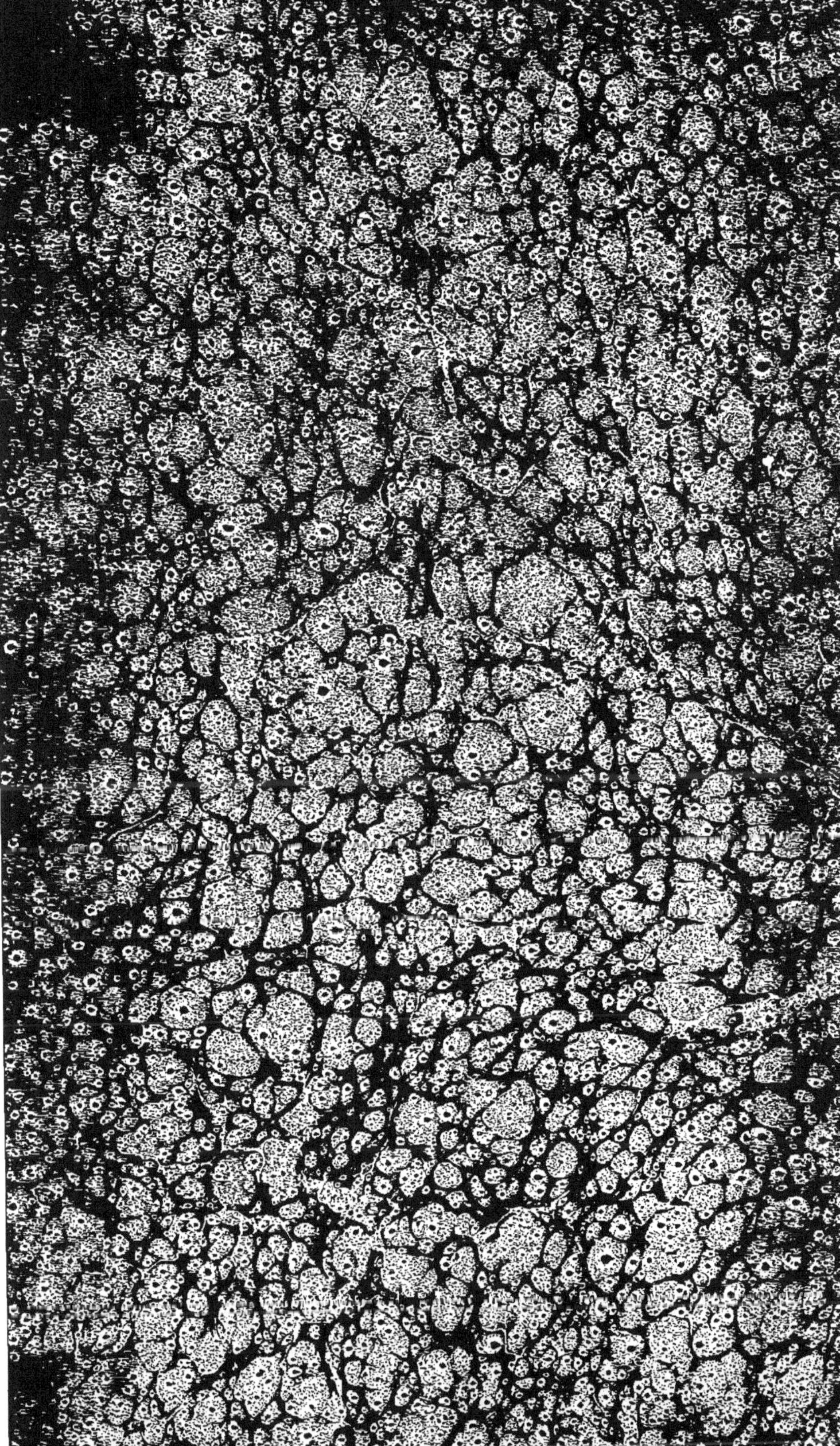

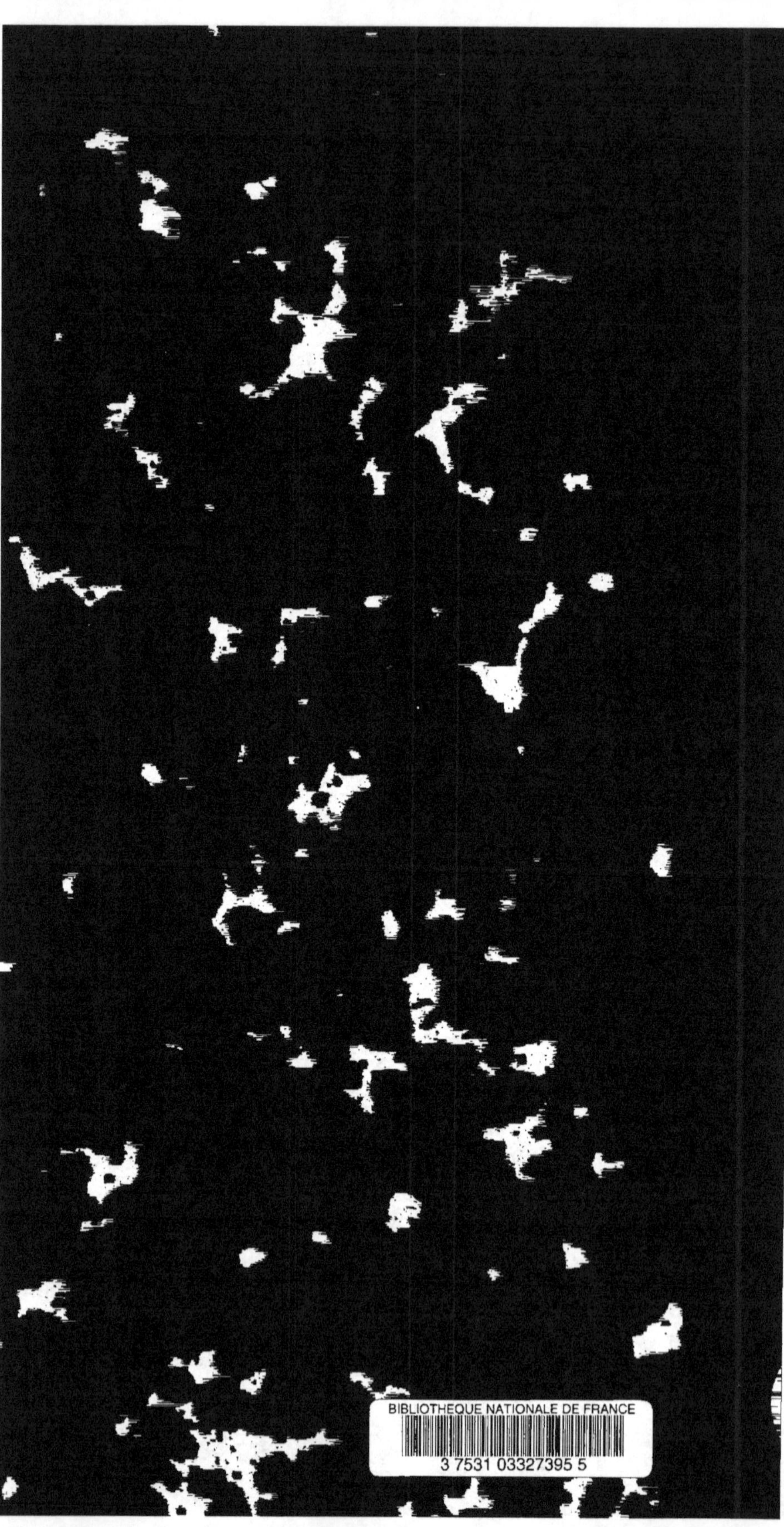

9 782013 253376